みるみる脚から美しくやせる「走り方」

DVD付き
BOOK

スポーツストレッチ・トレーナー
美姿勢スタイリスト

兼《かね》子《こ》ただし

三笠書房

「走り」の常識が変わる！
あなたに、いっぱいの奇跡が起こる！

走り方を、**ほんの少し**変えてみる……それだけで！
脚からどんどん美しくなる
全身の骨格・筋肉が整って血液が勢いよくめぐりだす
まるで別人のように、スタイルがよくなる
カラダも心も、最短で
劇的に**ポジティブに変わる**最高の方法
あなたは今、〝**すごい秘密**〟を手にしようとしているのです！

Contents
目次

Chapter 2
謎を解く！

そういう理由《ワケ》だったのか！「本当にキレイにやせる仕組み」が明らかに！

Chapter 3
実践！

パーフェクトボディーが、あなたのものに！さあ、いっしょに美しく変わろう！

兼子《かねこ》ただしのRUNNING DVD 目次

プロローグ
世界一、ラクに走れて美脚をつくる、大注目のメソッド

本書で紹介する走り方は、これまでの**常識を変えるまったく新しいメソッド**です。**「ストレッチ」**＝カラダを「伸ばしながら」走ることで、あなたのカラダは、おもしろいほど変化し、進化していきます。

そう、みるみる脚から細くなり、10年前より若く美しくなることができるのです。

姿勢が矯正され、プロポーションが格段によくなります。

日常生活でためこんだ筋肉のコリが解け、生まれたての赤ちゃんのようにカラダがしなやかに、やわらかくなります。全身キレイにやせられます。しかも、世界一ラクな走り方だから、フルマラソンだって楽しく完走できるようになります。


そんな夢のような走り方、それが、「伸び」ランニング。

お陰様で、特に宣伝もしていないのに、「伸び」ラン効果が口コミでどんどん広がり、私のまわりの〝美のプロフェッショナル〟たちも次々と走ることに目覚めています。

全身に輝くオーラをまとった美人たち……女優、モデル、ダンサー、医師、スタイリスト……彼女たちは、ありとあらゆる美容法、ダイエット法を一通り試しつくしてきた結果、一番シンプルな「走る」という**原点**に戻ってきたようです。

「姿勢が美しさの基本」とは、メリハリボディーのお手本といえる、ある女優さんの名言。実は、「伸び」ランニングのメソッドは、徹底して**姿勢にこだわります**。すると、普段の〝立つ・座る・歩く〟も、自然と「美姿勢」になって、いい効果が2倍にも3倍にも膨らんでいきます！

「伸ばす」ことが、なぜそんなにいいのでしょう？

その秘密をさっそくDVDと共に見ていきましょう。

上達の近道は、正しいフォームを
DVDで繰り返し見て、脳に焼きつけること。

この最もシンプルなイメージトレーニングで、
あなたの走りが、姿勢が、瞬《またた》く間《ま》に変化します。

カラダも心も人生も、200%ハッピーに変わると約束します！

兼子《かねこ》ただし

証言1 KELLY《ケリー》 モデル

アディダスのキャンペーンをなど、多くの広告に出演。ファッションショーや雑誌『CLASSY』『MISS』『GLAMOROUS』などで大活躍中。

楽しい！ そして「気持ちいい」から続く！

「伸び」ランニングは、あなたを世界一美しく変える、すごい「走り方」！

スポーツで、健康的に体重8キロ減！

実は私、走るのは苦手だったんです。でも、今、ランニングにすごく**はまっています**！モデルの仕事を始めてから、スタイル維持のために走りだしたのをきっかけに、ランの楽しさに目覚めました！　走ることは、すでに私の人生の一部になっています。

体型が美しくなる走り方って？　ずっと探し求めてきたけれど、ついに発見！

兼子トレーナーのレクチャーで、夢のようなメソッドと出会いました。

◆自分のカラダが変わるって楽しい！

兼子トレーナーの教えで驚いたのは、姿勢を変えるだけで「走る感覚」もすごくラクになること。しかもお腹や背筋、脚を伸ばしているから「気持ちよくて、全身に効いてる」のがわかる！　まさに**走るストレッチ**。伸ばすことって本当に大切なんですね。

◆どんどん元気になっていく！

かつて、間違った走り方をして、ひざを痛めてしまったことがあります。でも「伸び」ランニングなら**脚に負担がかからない**から、とてもラク。しかも脚のラインが引き締まってくるのが嬉しい。他にも、**日々の姿勢がキレイになる**など、魅力いっぱい。

衣装協力　アディダス ジャパン

心もカラダも、フワ〜ッと軽くなる快感！

スポーツを楽しんでいる人は、みんな明るくて前向き。私も、いつも心を**プラスのエネルギー**で満たしていたいから、走っています。普段は、週1回は好きなものを思いっきり楽しく食べていますが、走っているから、ぜんぜん太りません。心とカラダの「爽・健・美」のために、どんなに忙しくてもランの時間はつくっています。

◆マイペースだから続く！

5分歩いて5分走る、疲れたら歩く……**走ったり歩いたり**というのんびりペースから始めて、今では40分以上も走り続けられるように！　でも、その日の体調に合わせて、歩きも入れながら**無理なく**続けるのがKELLY流。

◆ランで「運命」さえも開けていく！

最近は、ランニングイベントにも参加。大勢で走るって楽しい！　カラダも心も、のびのび解放されると身心のバランスが整う！　そしてアクティブになれて自然と「いいこと」が起こりはじめます。だから私は、これからも「**自分のために**」**走ります**。ランニングには、人生を変えるほどのパワーがありますよ。

証言2 桜沢《さくらざわ》エリカさん

漫画家

コミック誌やファッション誌、WEBなど多方面で活躍中。著書に『贅沢なお産』などがある。

©『箱根駅伝に恋をしよう 走れ！ミル子』（マガジンハウス）

朝から「仕事しよう！」とパワーとアイデアが湧いてくる！

「目からウロコの疲れない走り方がある！」と友人に誘われ、「へぇ、やってみる！」と兼子トレーナーのランニングセミナーに参加。**心拍数は120前後がベスト、カラダを伸ばして走る**、という言葉が新鮮でした。兼子トレーナーは、走ることはストレッチという発想で、カラダの**柔軟性**を高めながら心身のバランスを整える走法を熱心に研究されています。だから、速く走るだけのランニングとはわけが違います。「これは効く。パーソナルトレーニングを受けてみよう！」とすぐに思いましたね。

◆「姿勢」がよくなって、スタイル200％UP！

一日中座って下を向いて絵を描いている私には、普段の姿勢も美しくなって思考も柔軟になる「伸び」ランは、一石二鳥。いや、五鳥くらいの価値がありますね！

証言3　友利《ともり》新《あらた》さん

皮膚科・内科医

第36回準ミス日本。著書に『現役医師がやさしく教える病院のことば』などがある。

「伸び」ランニングの嬉しすぎる効果

◆一番、自然な健康法は、朝の「伸び」ラン！

私は今、週3回ペースで30分走っています。兼子トレーナーに出会って「その走り方だと脚が太くなる！」とズバリ指摘されてから、美姿勢を心がけ、夜ランを「朝ラン」に替え、フォームも根本から改善。するとカラダの**感じ**がすごく変わったんです。走った日のほうが明らかに元気で身が軽い。しかも日に日に全身が引き締まってきました。

◆血流改善は、パワーの源です！

朝ランをすると、交感神経が優位になって代謝があがり、快く一日を始動できます。健康的に美しくやせるカギは、ズバリ「**血流**」。医学的に見ても、朝一番で血流を促《うなが》すことは、カラダ、肌、心、すべてのいいことにつながります。

◆ランニングは、一生できるスポーツ

手軽にできてカラダへの負担も少ないランニングは、一生楽しめるスポーツ。有酸素運動なので、120前後の心拍数を目安に20分以上走れば、**脂肪をもっとも効果的に燃焼できます。**

私が証明！
ハッピー体験談

「あんまりキレイにならないで！」

年下の彼が心配してヤキモキ！

Before

After
もはや別人！

ウエスト -5.3cm
太もも -5.1cm
二の腕 -2.6cm

八板由美子《やさかゆみこ》さん

40歳　「伸び」ランニング歴1年

好きなものを食べながら、週3回の「朝ラン」で、ジーンズが3サイズもダウン！　自然と二の腕もスッキリ！　生まれ変わりました！

私が証明！

ハッピー体験談

あきらめていた筋肉質の太ももが、即効－6cm！

Before
この
太ももが!!

After
こんなに
ホッソリ！
太もも
-6cm

安齋《あんざい》沙織《さおり》さん

31歳　「伸び」ランニング歴1年

ダンスをしているので、ほとんど脂肪ゼロの筋肉質の脚。これ以上、細くするのは無理だとあきらめていたのに、奇跡が起きました！　カラダが軽くなって、ダンスのキレもよくなって、大会でも好成績に！　しかも高いヒールを履いて踊っても足が痛くなくなりました！

私が証明！

ハッピー体験談

3キロも走れなかった私が、フルマラソン完走！

原《はら》さん 22歳 「伸び」ランニング歴3カ月

2009年12月の大会に向けて9月からトレーニング開始。当時は3キロ走るのも精一杯。でも、「伸び」ランのフォームが身についてくると、10キロ、20キロ、30キロと距離が延びて、たった3カ月で、あっさりフルマラソン完走！ 目標を達成したという事実は、人生の自信に！ 脚もモデルのようにキレイになったと、まわりに絶賛されています！ もう、やめられません！

楽しく話しながら15キロ！

粟木《あわき》さん 28歳 「伸び」ランニング歴1カ月

運動経験がほとんどない私は、ゼロからスタート。最初は、歩くくらいのゆっくりスピードで、「伸び」ランニングのフォームを守ることを第一にトレーニング！ それだけで3週間後には、なんと15キロを、息もあがることなく走れるようになっていました！ ランニングは、もっと辛くてぐったりするものだと思っていたのに、こんな走り方があるなんて！ 目からウロコです。

大発見！

この効果は感動もの！

世界一簡単！
脚から細くなる
「伸び」ランニング

Chapter 1

◆衝撃事実！　ランニングは「ストレッチ」だった！

あなたは「ランニング」に、どんなイメージがありますか？

「走るのが苦手」という人に聞くと、辛い、苦しい、疲れる、時間がない、足腰を痛めやすいなどの答えがよく返ってきます。辛くて苦しいから、結局、続かない。「走る前後のカラダの調整がめんどう」「脚に余計な筋肉がついて不格好になりそう……」と考える人もいるようです。

ところが、本書でお伝えする「**伸び**」**ランニング**は、これらの問題をすべて解決。**走ること自体がストレッチになる**ので、走る前後のストレッチは不要。「ゼーゼー、ハーハー」と息をあげて走る必要もありません。

そう、全然がんばらなくていい。タイムを気にしたり誰かと競ったりしなくていいのです。なぜなら、私が考える「**ランニングの第一の目的**」**は、速さを競うことではなく、美しく健康なカラダをつくること**だからです。実際、正しい方法で「伸び」ランニングをすると、疲れたり苦しくなったりすることはなく、ラクに楽しく走れます。筋肉質のガッシリした脚になる心配もなく、全体が引き締まることで脚もスッと細くなります。

「伸び」ランニングは、**人体の仕組み**から見ても理想的な健康法であり、理想的なダイエット法でもあります。これまでの研究と実績から、他のどんなメソッドも凌《しの》ぐ効果があると断言できます。さあ、今まであなたの頭の中にあった「苦しい」「疲れる」「故障しやすい」といったランニングのイメージを、ぜひ一度リセットしてください。

常識の壁を壊すことから、新しい習慣が始まります！

◆美女たちは「お風呂に入るように」走る⁉ ―― 驚きの「新常識」！

あなたは、毎日当たり前のように、歯を磨いたり、シャンプーをしたり、お風呂に入ったりしますよね。「伸び」ランニングは、その歯磨きやお風呂と同じ感覚でするもの。

ランニングは「ストレッチ」。

そして同時に、ランニングは**「毎日のカラダの内側磨き」**だと私は考えています。

お風呂でカラダを洗えば、体表の汚れや垢《あか》は落ちますが、体内の老廃物や余分な脂肪までは落とせません。これらが蓄積するとどうなるでしょう？

やがて私たちの健康を脅《おびや》かし、肥満や生活習慣病の原因になってしまいます。そこで、**カラダの中も、早め早めのクリーニング**が必要になってくるのです。

食物繊維の多い食事をとったり、サウナで汗を流したりするのも、立派なカラダの内側磨きの方法ですが、「伸び」ランニングは、それ以上に劇的に効くといっても過言ではありません。しかも、**即効性抜群！**

走れば、瞬時に血流がよくなり、発汗が促され、新陳代謝が活発になります。これによって体内の不要なものが速やかに排出され、細胞の一つひとつまでリフレッシュ！ 走る「デトックス効果」は、本当に思った以上です。

しかも、ストレッチ効果がある「伸び」ランニングは、体型も欲張りなほどに整えてくれるのです。

だから、お風呂に入るように走る！

美の達人たちは、この「ランニングの新常識」を知って、いち早く走りだしています。ランニングが習慣になると、脚、お腹、ヒップ、二の腕、二重あごなど、気になるパーツも、日を追って美しく引き締まります。**体内がいつもクリーンに保たれ、とても身軽になります。お腹やせ、脚やせ、顔やせといった、めんどうな〝部分やせ体操〟も必要なくなるのです。**

◆「伸び」ランで、こんなに美しく変身できます！

さらに「伸び」ランニングには、こんなに嬉しいおまけも、もれなくついてきます。

- **メリハリボディーになる**
- **10年前よりも若く美しくなる**
- **冷え性が治って、病気になりにくくなる**——体温アップ・免疫力アップ
- **デトックス効果で、お肌ツヤツヤ**
- **体力アップ！**——エネルギッシュになって、疲れにくくなる
- **姿勢がよくなって、肩こりや腰痛が改善する**
- **さらに魅力的になってモテる**——健康な人をセクシーと感じるのが人間の本能です
- **頭がよくなる**——集中力アップ、アイデアいっぱいに！
- **モチベーションアップ！**——ストレスが消え、心が強くなって前向きになる
- **自分を変えられる！**

より効果を高めるコツは、「伸び」ランニングとともに、カラダを伸ばす動作や、あとで紹介する「美姿勢」を心がけること。伸ばして立つ、座る、歩く——これを日常的にやっていくことが、世界一の美女への最短ルートです。

◆デブのもと「余分3兄弟」を追いだす最高の方法、初公開！

立つ、座る、歩く、走る――これらは生活するうえで、欠かせない基本動作です。

現代人は、あえて運動でもしないと「走る」ことは、あまりありませんが、美しくやせるためには、走ることも不可欠。しかもカラダを伸ばして走ることが、とても重要なのです。

では、「伸び」ランニングをすると、なぜスリムになり、「脚やせ」までかなえられるのでしょう？　実は、この走り方には、かつてどのランニングコーチもいわなかった**画期的なやせる秘密**が隠されているのです。

そもそも、美しくやせるには、「**むくみ**」「**脂肪**」「**筋肉**」の3種類をバランスよく減らすことが重要なのです。ところが、これまでに編みだされてきた数あるダイエット法や美容法の中には、この〝余分3兄弟〟をバランスよく減らす方法は、ほとんどないのが実情です。

しかしこの「伸び」ランニングは、その余分3兄弟すべてを、いっぺんに減らすことができるのです。その〝仕組み〟を本書で初公開！　このあとすぐChapter2で詳しく解説します！

◆「生きる力」がどんどん伸びる、この動き！

私たちは、朝起きたときや疲れたとき、手足をグーンと伸ばして「伸び」をします。やってみると気持ちいい！

動物も同じで、犬や猫も、よく伸びをしています。陽だまりの中で大きくカラダを伸ばす様子は、実に気持ちよさそうですね。

あなたもやってみてください。思いっきり手足を伸ばして「すーっ」と大きく深呼吸すると、カラダの隅々にまでエネルギーがいきわたる感じがしませんか？

カラダと心はつながっているので、カラダを伸ばせば、心ものびのびと解放され、頭の中まですっきり！　**カラダを伸ばすことは、「生きる力」を伸ばすことなのです。**

伸ばしたら、次は、ゆるめる。

その瞬間、筋肉が「やわらかく」なります。つまり、「伸ばして、ゆるめる」動作を繰り返せば、カラダはどんどん、しなやかになっていくのです。

私のランニング・セミナーでは、難しい理論は抜きにして、シンプルにカラダを伸ばす心地よさを体感していただきます。みなさん、「やってみると、気持ちいい！」と感激されます。姿勢が悪い人は特に、ものすごい変化を感じるようです。

なぜ、イチロー選手は小さくても強いのか？

この「カラダを伸ばすコツ」を身につけたのが、あのイチロー選手です。平均的な大リーガーよりも細くて小さいイチロー選手が世界記録をだせるのは、筋肉の**柔軟性**を高めるトレーニングをしているからに、ほかなりません。

多くの選手が、筋肉を太くするウエイトトレーニングばかりをするのに対し、イチロー選手は、筋肉をやわらかくするトレーニングを積んでいるのです。

彼は、こう語っています。

「カラダがでかいことに、そんなに意味はない。僕は、大リーグでは一番小さいほう。それでもこんな記録がつくれた。遠くに飛ばす力は、バランスとか、カラダを正しく使うことで生まれる」

『この一言が人生を変える　イチロー思考』（児玉光雄著　三笠書房）

カラダを伸ばせば、心も、ぜんぜん疲れない！

「伸ばす」の反対は——そう、「縮める」。

実は、私たちは日常生活の中で、知らず知らずのうちに、カラダを縮める動作をしてしまっています。

何時間も背を丸めてデスクワークをする、ひざを曲げて歩く……これらは、まさしくカラダを縮める動作。カラダを縮めてばかりいると、どんどん姿勢がくずれ、腰や肩、首、ひざなどに負担がかかります。すると、その部分の筋肉がかたくなって血流が滞《とどこお》り、内臓の働きも鈍っていきます。これが、「ああ、疲れた」「肩こった……」の原因なのです。

ほかにも、カラダを縮ませる習慣が、肥満、むくみ、冷え、疲れやすい、イライラする、気分がうつうつとするなどの症状も引き起こします。心を縮こまらせるのです。

そして心が弱っているときは、姿勢もうつむき加減に。つまり、カラダが縮めば心も縮む、心が縮めばカラダも縮む、という悪循環が繰り返されます。

◆いつまでも「若くいられる」唯一の方法

人間のカラダは歳をとるほどかたくなり、縮んでいきます。ということは……そう、**筋肉が縮んでかたくなることは、ズバリ「老化」**。

日頃から姿勢が悪い人、カラダのかたさを年齢や体質のせいにしている人、強いストレスを抱えている人は、老化のスピードが速まってしまいますよ。恐いですね。

でも安心してください。筋肉が縮んでかたくなることが老化なら、**筋肉を伸ばして柔軟にすることは、ズバリ「進化」**です。

つまり、カラダを縮める姿勢で生活すれば、疲れる。老化する。

伸ばす姿勢で生活すれば、疲れない。若返る！

若々しい人とそうでない人、元気いっぱいの人とそうでない人の違いは、これにつきるのです。

◆骨格が、キレイに整う〝ベストな方法〟

美と若返りのカギを握る「筋肉」には、鍛えるほど**太くなる筋肉＝「屈筋」**と、鍛えるほど**細くしなやかに引き締まる筋肉＝「伸筋」**の2つがあります。

屈筋と**伸筋**は、コインの裏表のような関係。

カラダを縮める（曲げる）ための**屈筋**と、カラダを伸ばすための**伸筋**が連動しているから、関節を伸ばしたり曲げたりすることができます。

例えば、太ももの裏面には**伸筋**を代表する**「ハムストリングス」**があります。前面には**屈筋**を代表する**「大腿四頭筋《だいたいしとうきん》」**があります。

カラダ全体を伸ばせば、太ももの裏面がグーンと伸びるし、ひざを曲げて全身を丸めれば、太ももの前面に力が入ります。

屈筋に力が入る姿勢ばかりしていると、カラダが縮んでかたくなり、老化が進行。そしてさらに恐いのが、骨格までくずれてしまうこと。筋肉と骨はつながっているので、筋肉がゆがめば、背骨がゆがんで背中が丸まる、骨盤がひらいてガニ股になるなど、根本的な体型のくずれが起こり、老人のような体型に！　だから、**伸筋**を使ってカラダを伸ばし、筋肉のバランスをとることが大切なのです！

カラダ年齢が若いと
背筋も脚もまっすぐ！

カラダ年齢が老化すると……

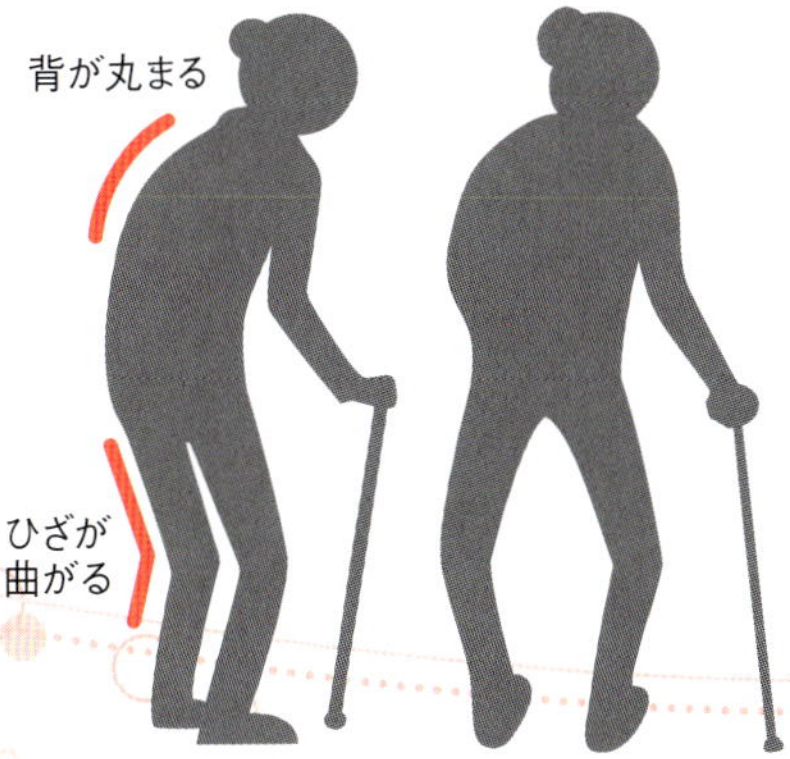

◆パンパンの「ふくらはぎ」だって細くなる!

「伸び」ランニングは、2種類の筋肉のうち**伸筋を主に使って走ります**。

これまで、多くの日本人は、**屈筋**を使って走る傾向が見られました。

するとどうでしょう。子持ちししゃものように、ぷっくり丸く膨れたふくらはぎ、バーンと張った立派な太ももができあがります。しかも、屈筋は、使うと疲れやすい筋肉なので、がんばって走ってもヘトヘトになるばかり。

逆に、**伸筋を使って「伸び」ランニングをすると、走りこむほどに脚は細くなります。**しかも伸筋はスタミナに長《た》けているので疲れません。いいことばかりです。

屈筋を使って走れば、着地のたびに、カラダが**縮む**。

伸筋を使って走れば、着地のたびに、カラダが**伸びる**。

まったく逆。

このシンプルだけど重要な法則を知っているといないのとでは、走り方にも人生にも大きな差がでます。

「**伸筋を上手に使って走る**」ことこそ、「伸び」ランニングの真髄《しんずい》なのです!

◆走れば治る！ 医者も青くなる「伸び」ランの効果

「筋肉」とは、すなわち「循環のポンプ」。心臓から送られてきた血液を、また心臓に押し戻す働きがあるのです。

伸筋を使った走り・歩きが習慣になると、脚の筋肉が強化されて、循環機能がよくなり、血のめぐりがどんどんよくなっていきます。

ベストセラー『体温を上げると健康になる』の著者齋藤真嗣《さいとうまさし》先生によると、**体温が1度あがれば免疫力が500～600％も高まる**とのこと。つまり、走れば血流も筋量も増して、体温があがり、ぐんぐん免疫力もあがるのです。そして、呼吸器、消化器、循環器、すべてが円滑に働きだします。細胞に栄養と酸素がいきわたれば、老廃物を速やかに排出できるカラダに変わり、おまけに**骨密度も高くなります。**

有酸素運動×ストレッチ＝パーフェクト！

「伸び」ランニングの効果は、この公式であらわすことができます。

有酸素運動とストレッチの掛け合わせにより、ダイエット、身心両面の健康、美容、アンチエイジングまで、すべてによい結果が期待できるのです。

病院でいえば、内科から外科、美容科、心療内科までをカバーする総合病院のような役をするわけですね。薬を手放すことも夢ではありません。

私のランニングセミナーには70代後半の方も参加されていて、2キロをスイスイ走られます。肉体年齢が若く、元気な証拠です。

ですから、あなたも「もう若くないから」と年齢の壁をつくらないでください。「伸び」ランニングは、カラダの内側から若返る究極のアンチエイジング。何歳から始めてもカラダ年齢は若返り、慣れれば、10キロでも20キロでもラクラク走れるようになります。

◆だから、記憶力も脳力も、どんどんよくなる!

いいことは、まだまだあります! カラダを伸ばして走ると、萎縮していた筋肉が伸びて、いくつになっても**毛細血管が増える**ことが実証されています。

筋肉の質がよくなれば、毛細血管が増え、血流がどんどんよくなることは、NHKの番組『ためしてガッテン』内の、「脳いきいきダイエット 超らくジョギング革命!」という特集でも取りあげられ、話題を呼びました。この番組では、走ることで脳が活性化することも報告されています。

実は、運動によって脳のニューロン（神経細胞）が増えるという衝撃事実もあります。運動をすると、セロトニン、ドーパミンといった神経伝達物質が増えるうえ、ニューロンが新生されることが、明らかになってきているのです。

人間の脳には約１４０億個ものニューロンが網の目のようにつながって情報処理を行なっています。これが増えれば脳の働きもよくなり、学習能力や集中力、さらには判断力や決断力もアップ。

つまり、**カラダを伸ばす↓筋肉が伸びる↓血管が増える↓脳の力も伸びる！**

すると、**寿命も延びる！**

『脳を鍛えるには運動しかない！』（ジョン J・レイティ、エリック・ヘイガーマン著／野中香方子訳）

「**そもそも僕は、選手生命が40歳から50歳に延びることについては、何ら不思議なことではないと思っているんです**」

こう発言しているイチロー選手は、伸筋を十分に伸ばすとカラダが若返って選手生命が延びることを、知っているのかもしれませんね。

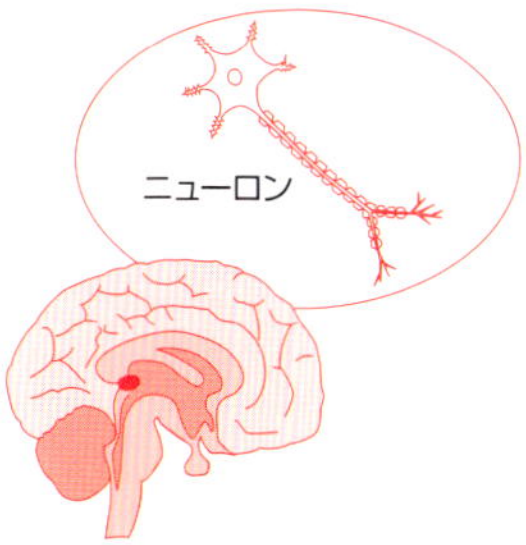
ニューロンは、
つながるほどいいい！
ニューロン

また、伸筋を伸ばせば、心ものびのびと解放され、**幸せな気分**になります。「伸び」ランニングは、健康美をつくると共に、強い心、幸せな心をも育てます。

◆ズバリ、太る、疲れる走り方

ここで、「伸び」ランニングの革新的な部分に注目する前に、まず、従来の日本人の走り方を観察してみましょう。次のような傾向が見られます。

- カラダを前傾させて走る（腰が後ろに引け、猫背になっている）
- 太ももを大きくあげて走る
- カラダを大きく上下させ、ピョンピョン飛び跳ねるように走る
- 腕を大きく振る
- あごをあげて苦しそうに走る

「あっ、自分もやってる！」

思いあたりますか？　実はこれ、「屈筋」を使ったカラダを縮ませる走り方の典型です。

前傾姿勢になると、前脚に重心がおかれ、脚力に頼って走ることになります。すると、

着地のたびにカラダが沈みこみ、上下運動が多くなり、脚にとても負担がかかるのです。

だから、すぐに疲れてしまい、ひざや腰を故障しやすいのです。

また、あごをあげて走ると深い呼吸ができなくなり、苦しくなります。

屈筋は、使えば使うほど、疲れて太くなる筋肉ですから、健康のために走ったつもりでも、かえって美と健康から遠ざかってしまうのです。

◆スッキリやせて、疲れない走り方、重要2ポイント

悪い姿勢で走ったときの問題点は、いい姿勢で走れば解決できます。

私は、いい姿勢を「美姿勢《びしせい》」と表現していますが、美姿勢とは、つまり「伸び姿勢」。

伸筋をまっすぐ伸ばして走れば、いくら走っても疲れなくなり、鍛えれば鍛えるほど脚はすっきり細くなっていきます。

「伸び」ランニングの基本は、この「美・姿・勢」。

美姿勢のつくり方は実践編にまわしますが、では、どうすれば美姿勢で走り続けることができるのでしょう？

答えは、簡単！

重要！

1　着地時に「お腹」を伸ばす！
2　後ろ脚の「ひざ裏」を伸ばす！

必ずおさえておきたい「伸び」ランのポイントは、この2点だけ。でも、とても大切なところなので、よく覚えておいてくださいね。

この2つのポイントに気をつければ、**お腹の奥にある伸筋**が上下によく伸びます。そして、太ももの裏の**ハムストリングス**という伸筋もよく伸びます。

つまり、着地のたびに「**お腹↓ひざ裏**」の順で伸ばせば、大きな伸筋2つを十分に使った「美姿勢での走り」になるのです。

カラダがお腹の真ん中から伸びると、見た目からどんどん美しく、しなやかになっていきます。そして脚がスーッと長くなったように感じられ、全身で風を切って走る爽快感が味わえるでしょう。筋肉から骨格へ、筋肉から血管へと、伸びの連鎖、美の連鎖が起こります。走り方革命で、あなたのカラダにも、あっと驚くような革命が起こります。

◆「本当にいいもの」には、こんな派手さは、ない

「伸び」ランのやり方を説明すると、ランニング1年生の方も「私にもできそう！」とみなさん眼を輝かせてくださいます。

また、「そんなに簡単でいいの？」「意外と地味なんですね」と拍子抜けされる方もいます。

そんなに簡単で、地味でいいのです！

プロローグでもお伝えしたとおり、「伸び」ランニングはこれまでの常識を覆すメソッドですが、だからといって突拍子もない変わった動作を組みこむわけではありません。

人体の仕組みに合った、本当に必要最低限の動作をするだけ。

これまで多くの人が見逃していた「**伸筋を伸ばす**」**という動作を、地道に、コツコツと続けるだけでいい**のです。

伝統工芸にしても、ロングセラー商品にしても、〝本物〟といわれるものに派手さは見られません。「伸び」ランニングもそう。**「本物」は、地味だけど、すごく効く！**

本物の美女たちは本当にカラダにいいことを見極め、いち早くストレッチとしてのランニングを実践しているのです。

◆Qちゃんの“この後ろ脚”が究極のお手本

カラダを伸ばす走法の究極のお手本は、シドニーオリンピック金メダリストの高橋尚子さんです。

Qちゃんこと、高橋さんの走る姿を見ると、他の人とまるで違って「後ろ脚」がビシッとよく伸びています。「伸ばす走法」を身につけた選手は、ゴールしたときも疲れを見せず、すがすがしい表情をしています。**カラダを伸ばして走れば、走り終わってもカラダを伸ばしたくなる。元気になる。**

©フォート・キシモト／アマナイメージズ

逆に、ゴールしたあと、ハーハーと苦しそうに息をしながらしゃがみこむ選手は、疲れる体勢（つまり悪い姿勢）で走った結果です。**カラダを縮める悪姿勢で走ると、それがクセになり、ゴール後もカラダを縮めたくなる**のです。

これは、人体の法則なのです。

謎を解く！

そういう理由《ワケ》だったのか！

「本当にキレイにやせる仕組み」が明らかに！

Chapter 2

◆ヒップ・二の腕・顔……「部分やせ」も、思いのまま！

一度でいいから「美脚」と呼ばれたい、ウエストのくびれを自慢してみたい！……

「伸び」ランニングは、そんな女性たちの願いをかなえます。

「走っても部分やせは無理」というのは、誤った常識です。カラダ全体が引き締まれば、結果的に気になるパーツもすっきりします。

そのメカニズムを「脚」から見ていきましょう。

そもそも、脚の太さは、骨のまわりに次の3つの要素が重なり合って決まります。

①筋肉　②脂肪　③むくみ（余分な老廃物）

これらの量がどれだけあるかで、脚の太さが決まります。でも、この量には個人差があり、同じ人でも、ヒップとふくらはぎなど場所によっても違います。この〝余分3兄弟〟を均等に減らすのは難しく、これまであったどのダイエット法も、たいてい、どれか1つか2つしか減らせません。見てみましょう。

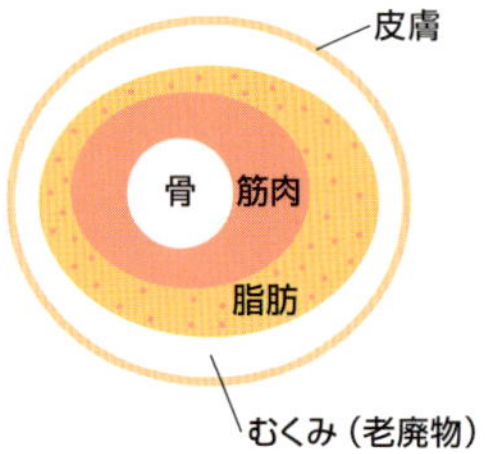

✕単品ダイエット

1種類の食品だけ食べる〝単品ダイエット〟。やれば筋肉の代謝が落ちてやせますが、むくみや脂肪はうまく減らせません。短期決戦なら効果的でも、長く続けると、たんぱく質不足で健康を損なってしまう危険があります。

✕ハードなトレーニング

カラダを激しく動かすエクササイズで減るのは、主にむくみ。筋肉は屈筋が鍛えられて逆に太くなります。カラダの奥のインナーマッスルまで刺激が届かないため、脂肪代謝が思うようにあがらず、疲れる割にうまくやせません。マッチョを目指すならコレ。

△断食

食べなければ、やせるのは当然。でも生活習慣を根本から変えるのは容易ではありません。一時的にはやせても、よほどの覚悟がないと継続は難しい。正しいものなら、内蔵のリセット効果がありますが、ムリな断食は危険。リバウンドのリスクも高い。

△骨盤ダイエット

代謝は少しあがっても、部分やせやメリハリの効いた筋肉メイクまでは難しいですね。

△従来のランニング

自己流でやっていると、カラダを縮める走りになりやすく、かえって余分な筋肉がついたり、血糖値が安定せず、食欲が増したりしてしまうこともあります。

どの方法も魅力的な部分がある反面、リスクが高く、長期継続には向かないものや、脂肪、むくみのどちらか1つにしか働きかけないため、効果が弱いものがほとんどです。

美しく健康にやせるカギは**「筋肉」**の落とし方。それを知らずに自己流ダイエットをしても、メリハリのないやせ方になり、魅力的なボディーにはなれないのです。

ところが、「伸び」ランニングは、「筋肉」を美しく育てながら、余分3兄弟すべてに働きかけることができるので、代謝をあげながら太りにくいカラダになれるのです。

走れば、脂肪が燃えることは、おわかりでしょう。また、全身を動かせば、代謝がよくなり、むくみがとれることも想像できると思います。

問題は「筋肉」。

通常、筋肉は使えば使うほど太くなっていくと思われています。「ランニングを始めたら脚が太くなった」というのはその典型です。ですが、「伸び」ランニングをすると、むしろ脚が細くなるのです。つまり「脚の筋肉が細くなる」のです。

筋肉をたくさん使うのに、なぜ細くなるの？

その秘密が、そう、「伸び」にあります。

◆なぜ、あの人の姿勢はいいのか？

人間のカラダには、約600個もの筋肉があるのをご存知ですか？それらの筋肉は、カラダを縮めるための屈筋と、カラダを伸ばすための伸筋の2種類に大きく分かれます。そしてその使い方には、人種的な特徴が見られます。図にご注目。

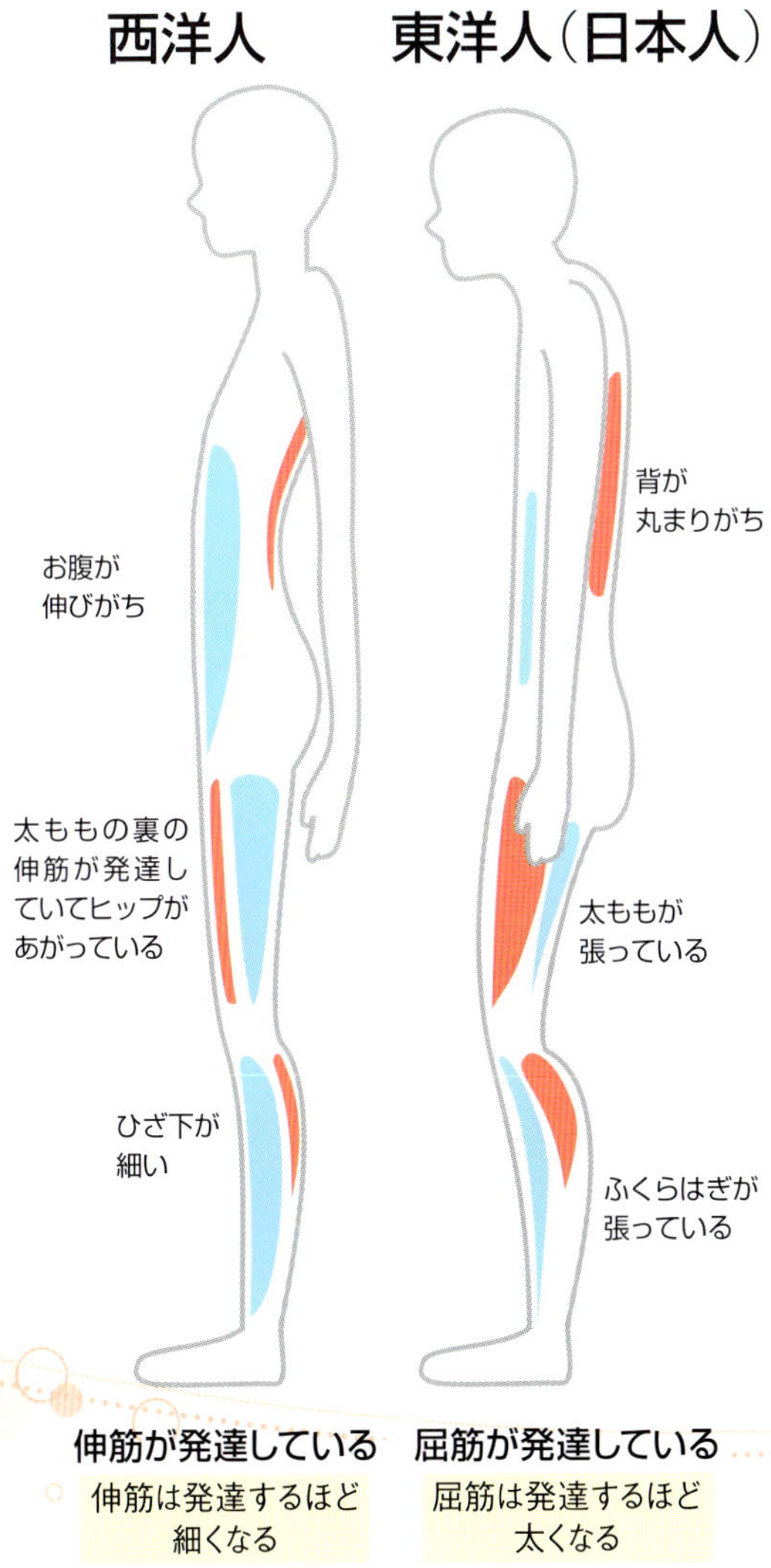
西洋人
東洋人（日本人）
お腹が
伸びがち
太ももの裏の
伸筋が発達し
ていてヒップが
あがっている
ひざ下が
細い
背が
丸まりがち
太ももが
張っている
ふくらはぎが
張っている
伸筋が発達している
伸筋は発達するほど
細くなる
屈筋が発達している
屈筋は発達するほど
太くなる

日本人（東洋人）は、赤色の**屈筋群**が発達した民族。

図で見ると、**①背中　②ももの前面　③ふくらはぎ**の3カ所に力が入りやすく、背中が丸まって縮こまる傾向があります。日本人は、歩くときにひざを曲げるといわれるのも、屈筋に力が入りやすいからです。

逆に西洋人は、青色の**伸筋群**が発達しています。

つまり、**①お腹（奥）　②ももの裏側　③すね**の3カ所です。放っておくと、自然とふんぞり返るような姿勢になります。ここが大きな違いです。

◆日本人は、カラダを伸ばすのが苦手!?

実は、農耕民族である私たち日本人は、遺伝子的に、カラダを伸ばすのが苦手な民族です。ですから歴史をひもといてみても、カラダを「縮める動作」が多い民族なのです。

のこぎりを使うとき、日本人は**引いて**使いますが、西洋人は**押して**使います。

農作業でも、日本人は鍬《くわ》を**引いて**使い、西洋人はスコップを**押して**使います。

また、日本のサムライは刀を手前に**引いて**使いましたが、ヨーロッパ由来のフェンシングの動きを見ると、剣を前に**押して**使うことがわかります。

つまり、道具を使うときも、日本人（農耕民族）はカラダを縮ませ、西洋人（狩猟民族）はカラダを伸ばすのです。

◆「古武術」――日本人が美しくなるヒントがここに！

日本人はカラダが縮こまりがちな民族とはいえ、昔は「縮む筋肉」と「伸ばす筋肉」のバランスがとれていました。なぜなら、カラダを「伸ばす」ことを重んじ、日常的にカラダを伸ばす教育をすることで、屈筋に力が入るクセをカバーしていたからです。

剣道・柔道・弓道・合気道などの武道、茶道・書道などの芸道など、「道」と名のつくものには、**「カラダを伸ばす」「姿勢を整える」**という共通の基本動作があります。

実際、「道」を身につけていた昔の日本人は、みな姿勢がよかったのです。

日本人の姿勢がくずれはじめたのは戦後です。急速に西洋化（アメリカ化）が進む中で、日本の伝統文化や教育がおざなりになり、姿勢がくずれ、生活習慣病が増えていったのです。現在は、背中を丸めてパソコンを見る、高いハイヒールでひざを曲げて歩くなど、さらにカラダを縮ませるほうにバランスが偏っています。

◆恐怖！ あなたを〝不幸にする〟トレーニング

「スポーツクラブで鍛えているから大丈夫」

とカラダづくりに自信を持っている方も、決して油断できません。先に述べた基本的な筋肉の仕組みを知らずにいると、わざわざ苦しいトレーニングを積んで、望んでもいない、ムキムキのカラダをつくってしまう恐れがあります。

例えば、「腹筋を鍛える運動」や「ジムでの筋トレ」……こんな運動ばかりしていると、姿勢がくずれ、気持ちも縮こまって、アンハッピーになるかもしれません。

「腹筋運動」は、お腹を丸め、カラダを縮ませる運動そのものだからです。

実は、アメリカ発の〝マシンを使ったトレーニングやダイエット法〟は、ほとんどが**伸筋の発達した西洋人向けの、「カラダを縮ませる運動」**になっています。それを日本人がやりすぎると、さらに屈筋が太くなり、バランスをくずすことになりかねません。私も以前は、腹筋300回を日課にしていましたが、やはり身心のバランスが悪くなったのでやめました。

あなたが今しているトレーニングは、本当に目的に合っていますか？

もしもカラダを縮ませるトレーニングをしていたら、ぜひ見直してみてください。

◆しつこい食欲も正常に。早く効果がでる「食」のコツ

ビギナーの方は、「走ったあと、すごくお腹がすく」、「食べすぎてかえって太った」などとよくいいます。食欲が増すのは、まだ脂肪より先に糖分が消費されやすい状態にあるために起こる現象です。

私は、朝走ることをおすすめしていますが、**朝ランが習慣化すると、脂肪燃焼が優位になり、血糖値が安定して、強い空腹感は感じなくなります。**すると精神が安定し、お腹がすいてイライラして、無性に甘いものが欲しくなることも、なくなります。

食事に関して1つ提案があります。

「伸び」ランニングを始めたら、主食を「白」から「**茶色**（淡褐色《たんかっしょく》）」に替えてみてほしいのです。白米をやめて玄米に、白いパンをやめてライ麦パンに。精白されていないものは、ビタミン、食物繊維などの栄養素が多く、デトックス効果も高いため、やせやすくなり、健康効果も高まります。

ただし、日本人の中には、体質的に玄米が合わない人が1～2割います。玄米はフィチン酸の作用で解毒《げどく》作用が強く、人によってはカラダに必要なミネラル分まで排出されてしまうのです。その場合は、玄米に小豆《あずき》と塩を適量入れて炊く「**酵素玄米**」がおすす

め。小豆の消化酵素の働きで解毒作用が緩和され、味もまろやかになります。

◆「10年後も美しい人」の共通点

あなたの手足は、いつも温かいですか？　顔色はいいほうですか？

指先、顔面、インナーマッスルは、毛細血管が多くある場所。ここが冷たいということは、体内の循環が悪くなっている証拠です。でも、**走れば毛細血管が増える**ことは科学的に実証されていますから、「伸び」ランニングを続ければ、こんな人も日に日にカラダの中から温まり、顔色もよくなっていきます。

ただ、普段走らない人が急に走ると、脚や腕などがかゆくなる、ニオイの強い息がでる、舌苔《ぜったい》（舌に付着する汚れ）が増えるといった症状がでることがありますが、これは一時的なデトックス現象ですので、安心してください。続ければ代謝がよくなり、症状もおさまります。カラダの内側からどんどんキレイになり、未来もどんどんひらけていくでしょう。

カラダの進化の先にあるのは、**人生の発展、成功**……。走ることは、本当に様々な可能性を広げてくれます。10年、20年と年月を重ねるほど、「伸び」ランニングのすごさは、はっきりあらわれるでしょう。

実践！

パーフェクトボディーが、あなたのものに！

さあ、いっしょに美しく変わろう！

Chapter 3

悪い姿勢だと……
実際にサイズが太くなる
二の腕
31.5cm
ウエスト
76.5cm
太もも
49cm
悪い例

すべての基本！

美姿勢 ―立つ―

カラダを伸ばす気持ちよさと、その素晴らしさがわかったところで、いよいよ実践編です。

まずは、すべての動作の基本となる「美姿勢」を覚えましょう。日を追うごとに、美しくなれる姿勢です。

猫背でお腹を縮めた悪い姿勢と、この美姿勢を比較してみましょう。

姿勢が悪いと、見た目の印象が悪いだけでなく、骨格がくずれて全身のサイズが**横に広がります**。また、疲れやすい、ネガティブ思考になるなど、身心にも悪影響。

これを美姿勢に変えると……一瞬で全身がサイズダウン。しかも10歳は若く美しく見えます。

美姿勢だと……
実際にサイズが細くなる
二の腕
29.5cm
ウエスト
70cm
太もも
47cm

いい例

　さらに、疲れにくくなり、呼吸がラクになり、嬉しい変化が続々と起こります。歩いているときも、座っているときも、いつでも最高の美しさを演出でき、とても華やかなオーラを放つことができるでしょう。

　一瞬でこれだけ変わるのですから、常に美姿勢を心がけていれば、**ダイエットなどしなくても自然と美しくスリムになっていきます。**例えば「1日3回30分ずつ、美姿勢で行動する」と決めて実践したなら、1週間でウエスト3センチ、太もも2センチ、二の腕1センチは細くなるでしょう。急速に体重は減らなくても、結果は、**徐々に確実に**あらわれます。

やってみよう

美姿勢 ―立つ―

STEP 1

両足をこぶし1個分
開いて立つ

誰でも一瞬で「美姿勢」をつくれるワザ。コツは、「**お腹を伸ばして立つ**」。「お腹が伸びる、伸びる」とイメージしながらやれば、より効果的です。今回は、雑誌『with』や広告などで大活躍中のモデル・森絵里香さんといっしょにやってみましょう。

©YOSHITO/SERGIO TACCHINI

© 講談社『with』

Let's TRY

STEP 2

お腹を上下に伸ばしながら背伸びをする

STEP 3

かかとをつける

お尻の筋肉をキュッとしめます。頭が後ろに傾きすぎないように。

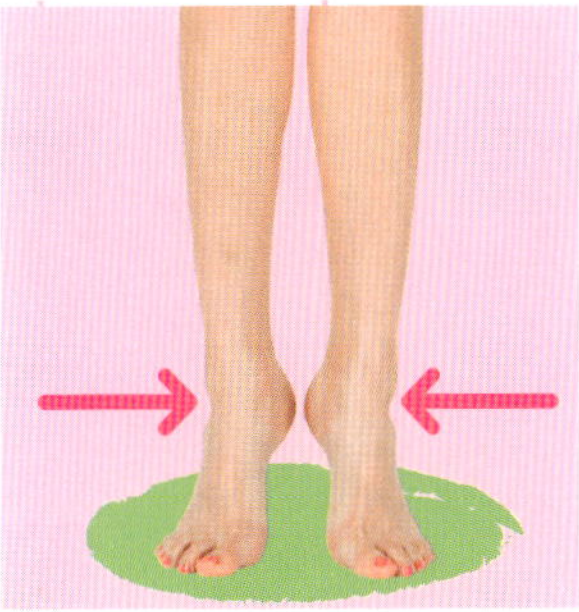

STEP 4

ゆっくりかかとをおろす

お腹が伸びているのを感じながら、姿勢をくずさないように、そっと。
かかとが床についたらゆっくり力を抜きます。

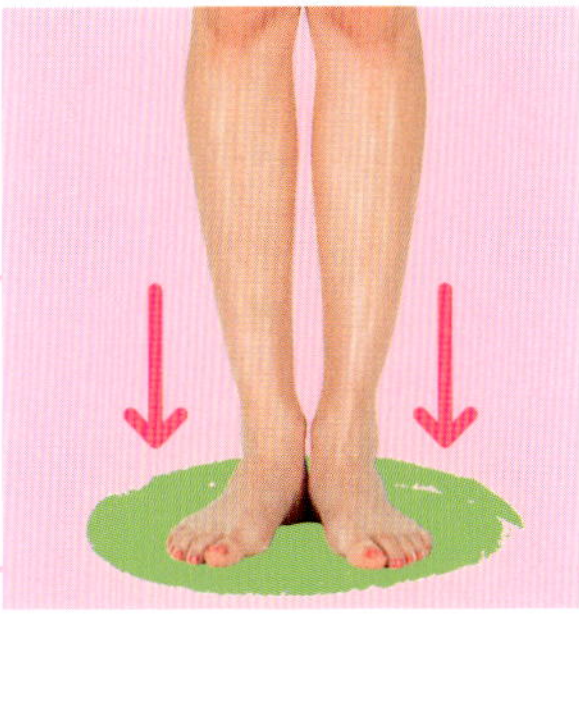

STEP 5

仕上げに丹田《たんでん》に力をこめる

丹田に手を当てて、「1、2、3、4、5」と数えながら、ゆっくりと1センチ前に突きだします。

丹田の位置

「おへその下から指3本分のところ」または「左右の骨盤の骨の延長線上」と覚えておきましょう。

STEP 6

ゆっくりと肩の力を抜いて完成

Extra

「丸まった肩」を美しく矯正するワザ

背伸びしたまま
手のひらを外側に向けながら
腕を後ろに伸ばす

肩を後ろに引いて胸を張ります。そのまま静かに両脚の脇に腕をおろし、ひじ関節を回して、ひじから下だけを内側に向けます。

このあとにSTEP3〜6を続けます

背伸びをしたときにフラフラとよろけるなら、肩が前に丸まった「巻きこみ肩」の可能性があります。

その場合は、53ページの美姿勢STEP2の次に、この「巻きこみ肩解消」STEPを入れましょう。骨格が正しい位置にロックされて鎖骨のラインが美しく整い、くずれにくくなります。

Check Point

美姿勢―立つ―のポイント

★正しくできると、お腹、首の後ろ、お尻、太ももの裏がすっきり伸びます。

★視線をおろしたとき、つま先が見えないのが正しい状態。つま先が見えたら、背中が丸まっている証拠ですよ。

◆仕上げに1センチ！「丹田の魔法」

美姿勢（立つ・座る）は、最後の仕上げに、**「丹田を1センチ前にだして力をこめる」**という動作を忘れずに行なってください。

見た目はほとんど変わりませんが、この一瞬の仕上げがとても大事！

背伸びをしてお腹を伸ばすと、お腹から背中に向かって力がかかります。ここで丹田を前にだすと、背中からお腹に向かって逆の力がかかって、カラダの中心にぶれない「軸《じく》」ができます。こうすると、積み木をきちんと重ねるように、骨盤の上にお腹が、お腹の上に胸が、胸の上に頭がまっすぐのるので、グラつかなくなり美姿勢を長くキープできます。また、胸まわりの筋肉が伸びて呼吸もラクに。何度もやって、仕上げのコツをカラダで覚えましょう。仕上げは、「た・ん・で・ん！」を、いつでも忘れずに！

軸ができる

Lesson 2

DVD

実は、重要！ 美姿勢 ―座る―

悪い姿勢だと……

首の一カ所に頭の重さがかかって、肩がこる
ウエストも太く見える

悪い例

次は、**座る**。デスクワーク、食事、くつろぐとき……私たちは毎日、かなり多くの時間を座ってすごしています。ですから美姿勢で座る習慣をつけることは、とても重要。そして、一度身につければ、すぐに全身に素晴らしい効果がでるのは間違いありません。

ボディーラインがくずれる悪姿勢は、肩が内側に入って背中が丸まり、あごがあがっています。これを正面から見ると、**ふてくされたようにも見えて**悪印象！ また、身体的にも頭の重さを首だけでささえるため、首の筋肉がかたくなって血流が悪くなり、肩こりを引き起こします。腹筋も縮んで背中が美姿勢だと……

頭の重みを、背骨とカラダ全体の筋肉でささえられる

張って、とても疲れやすくなります。

背もたれに寄りかかるのは、体型をくずす座り方です。

次に美姿勢を見てみましょう。

美しく座るコツは、**お腹で座る！**

お腹で座るとは、丹田をしっかり伸ばして座ることです。こうすると、頭の重さを背骨とカラダ全体の筋肉でしっかりささえられるので、**肩こりも予防**できます。パソコンのキーボードを打つときも、猫背になりません。

美姿勢は、鎖骨が地面に対して平行になっています。

Let's TRY

Lesson 2

やってみよう
美姿勢 ―座る―

誰でも簡単にできる「美姿勢」の座り方をいっしょにやってみましょう。

STEP 1

イスに深く腰掛けて
両手を脚の付け根
(ソケイ部)におく

座骨
イスから
わずかに
浮かす

STEP 2

座ったまま斜め前に背伸びをする

なぜ斜め前なのかというと、立っているときのように、真上には背伸びできないからです。
あごを引いてお腹をしっかり伸ばして、伸ばして……、座骨が浮いたところでストップ。

ひざとつま先の位置が同じくらいだと、背伸びしやすい

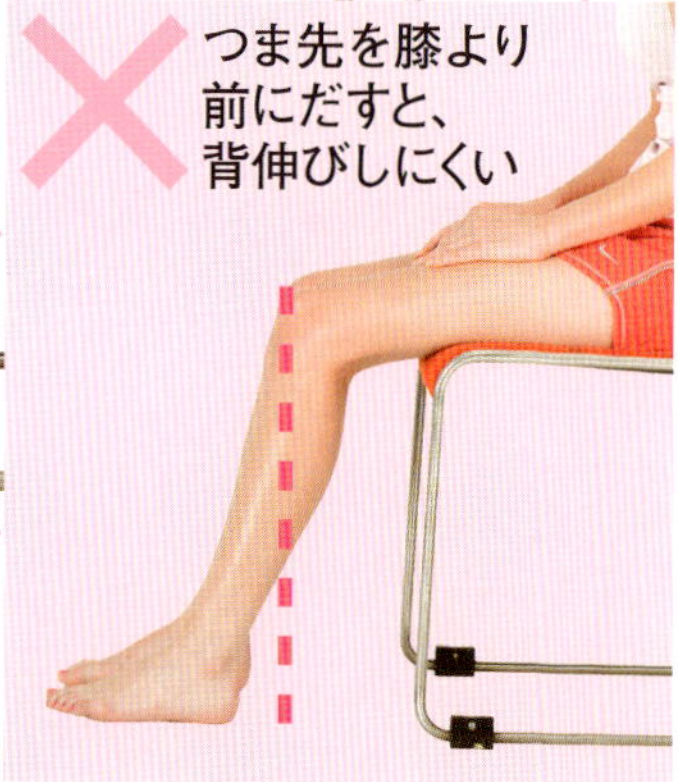
×
つま先を膝より
前にだすと、
背伸びしにくい

Let's TRY

STEP 3

そのまま上半身を
ゆっくり後ろに戻し、
座骨がイスに触れたら
ストップ

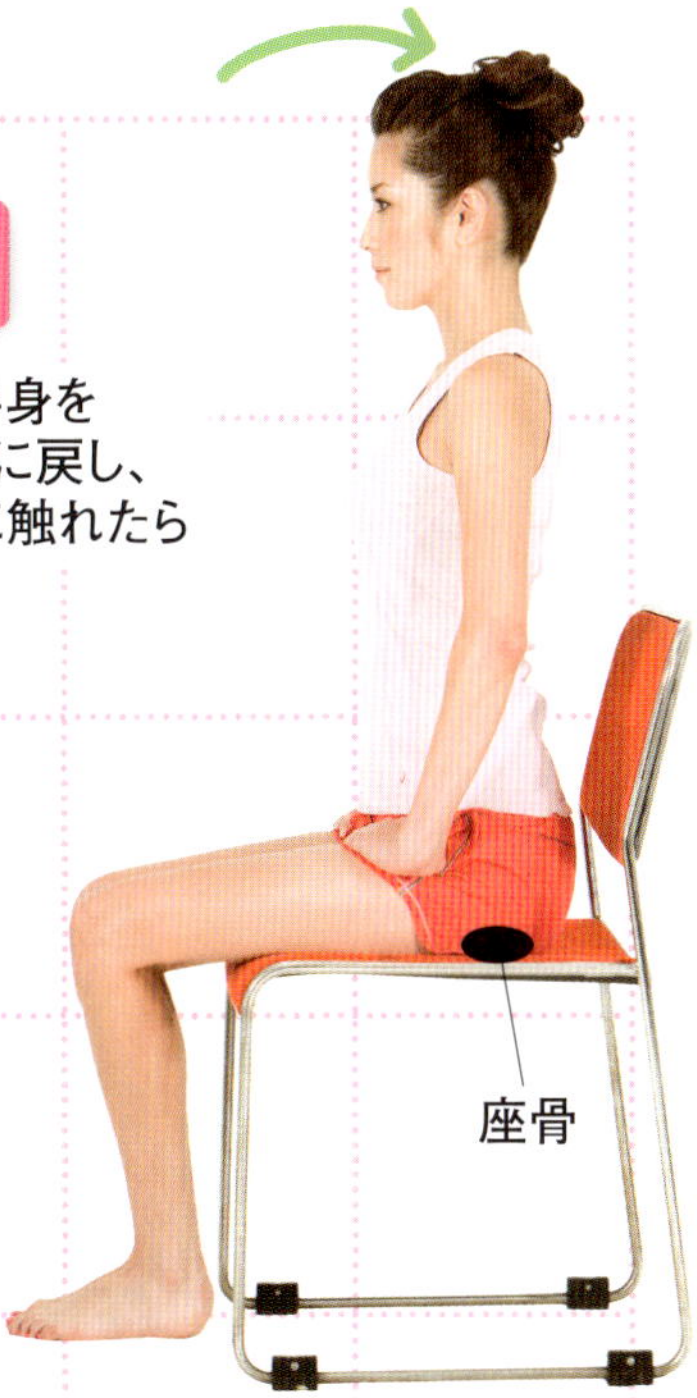

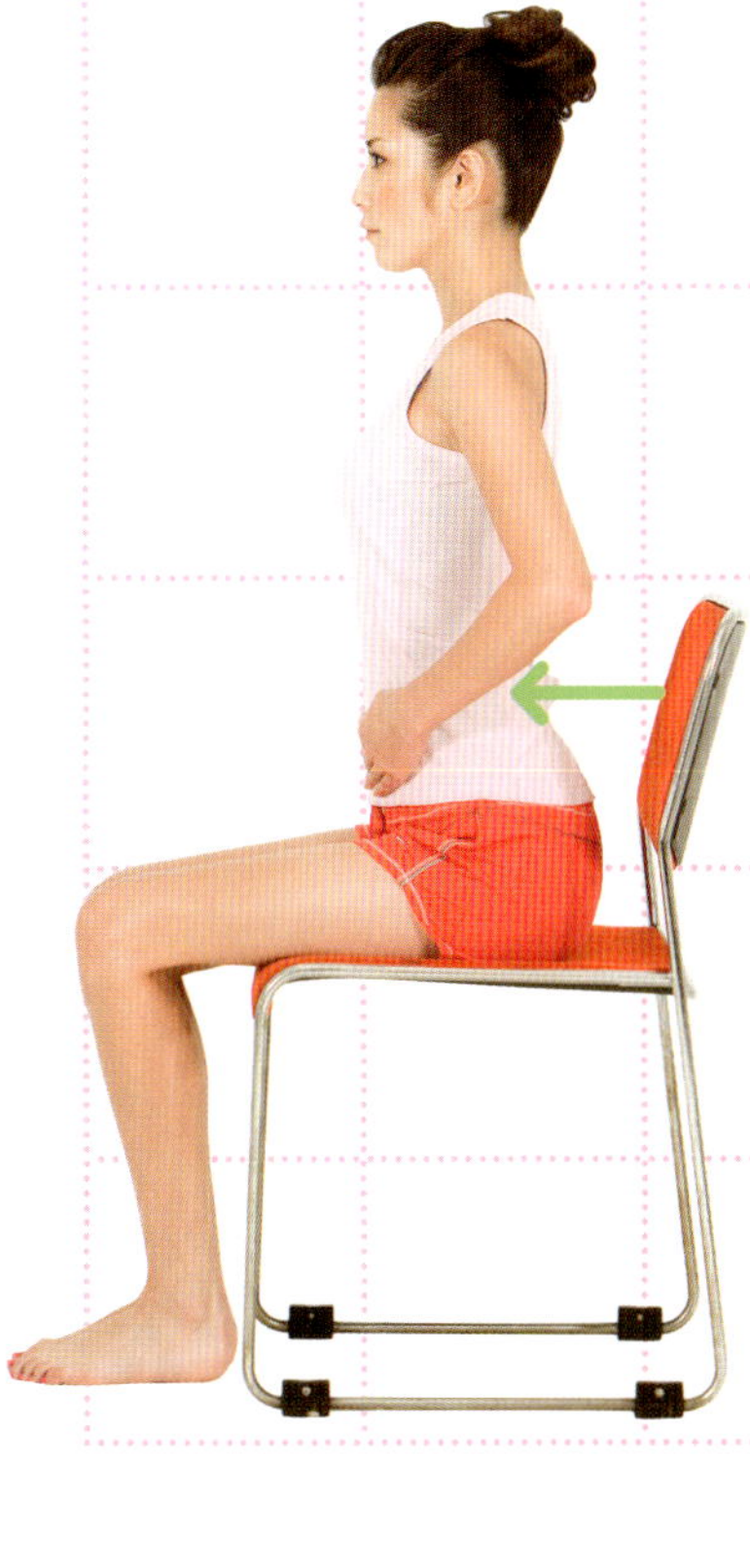

STEP 4

仕上げに
丹田に力をこめる

手を丹田に当てて1センチ前に突きだします。これで美姿勢を長くキープできます。

STEP 5
ゆっくり力を抜いて完成
手は脚の付け根に自然におきます。
ひざ下はひざ頭より
やや後ろに引いておくと
さらに背骨をまっすぐに
キープしやすくなる

Check Point

美姿勢 ―座る― のポイント

次の3点がちゃんとできていれば、OKです。

①座ったまま脚を浮かしてもグラつかない。

これでグラついたり腰が痛くなったりするなら、カラダの中心がズレている証拠です。丹田より上のほうに力が入っているのです。

②鎖骨が床に対して平行になっている。

③しばらく座っていても腰が痛くならない。

正しくできれば、座っているだけで、腹筋のエクササイズにもなります!

◆どんなに動いても、背筋ピンとまっすぐ！「ひじ関節の魔法」

せっかく姿勢を整えても、キーボードを打ったり書き物をしたり、手元を忙しく動かすうちに姿勢をくずしてしまう人が多くいます。

ところが「ひじの関節」の使い方を変えると、どんなに手元を動かしても、胸がピンと張ったまままくずれにくくなるのです。この効果は感動ものです！　ぜひ、DVDを見ながらやってみてください。

コラム

ストレッチの効果はやはりすごかった

国士舘大学大学院スポーツ・システム研究科と私が主宰するスリーエスグループジャパンの共同で、ストレッチングの効果を研究したところ、次のことがわかりました。

・ストレッチ後は、**血圧が安定する**
・ストレッチ後は、**脂肪の燃焼率が安静時より1・5～1・8倍高くなる**
・ストレッチ後は、**伸ばす筋肉（伸筋）の筋力があがる**

この研究結果から、ストレッチは、**健康増進**にも**ダイエット**にも有効であることが改めてわかります。しかも、有酸素運動であるランニングとの相乗効果で、「伸び」ランニングには、たんなるストレッチ以上の変化がもたらされます。

Lesson 3

DVD

その1歩があなたを変える！

「伸び」ウォーキング

膝を曲げているので
歩くたびにカラダが
沈みこむ
前脚に
力がかかる
曲がっている
悪い例

あなたは、いつもどんなふうに歩いていますか？

多くの人は「さあ、歩いてください」というと、「脚」を前に大きく踏みだします。でもこれでは前に踏みだした脚でカラダを引っ張って歩くことになるので、太ももの前面の筋肉が発達して太くなります。しかも踏みだした脚に重心がかかるので、着地のたびにカラダが沈んで縮み、かたくなっていきます。見た目が悪い、疲れやすい、ひざを壊しやすいなど、いいことなしです。なんと、日本人の8割はこの「前脚アクセント」の歩きをしています。

では、どう歩けばいいのか？

スーッとなめらかに移動
Point 1
伸ばす
丹田から
歩く
Point 2
伸ばす
いい例

正解は、そう、お腹（丹田）から歩く！

「伸び」ウォーキングのポイントは、2つ。

①**お腹をしっかり伸ばすこと**

②**後ろ脚のひざ裏を伸ばすこと**

ひざを伸ばす力で、カラダを前に押しだして進むのです。歩くたびに後ろ脚のひざ裏を伸ばせば、素晴らしいストレッチ効果が得られて、上下に浮き沈みしない、「伸び」ウォークに変わります。日常で美姿勢を心がけるとともに、通勤時の歩き方を「伸び」ウォーキングに変えるだけでも、1カ月でウエスト5センチ、太もも3センチ、二の腕2センチは細くなります。

やってみよう

「伸び」ウォーキング

DVDで実際の動きを見ながらいっしょにやると、わかりやすいでしょう。

最初は、一つひとつの動きを確認しながらゆっくり前進、慣れてきたら徐々にスピードアップを。

STEP 1

美姿勢をつくる
（52ページ参照）

Let's TRY

STEP 2

右足を、軽く前に1歩踏みだす

美姿勢を保ったまま、最初はかかとだけ地につけます。
大きく踏みだすと、ひざが曲がってカラダが縮むので、いつもよりエレガントに、小幅に前にだします。

そして、ここが重要なところ――重心は「後ろ脚」においたままです。

重心は、まだ後ろ脚

重心を移動…

STEP 3

上半身を前にだして重心を前足に移動させると同時に、踏みだした前足（右足）のつま先をおろす

着地した瞬間に、お腹を真上に持ちあげるイメージで伸ばします。1歩踏みだすたびに、お腹を伸ばして歩くような感覚です。

STEP 4

後ろ脚（左脚）のひざ裏をしっかり伸ばしながら、今度は左脚を前にだす

小幅に踏みだして、かかとだけ地面につけます。

STEP 5

上半身を前にだして、重心を前足（左足）に移動させると同時に、踏みだした左足のつま先をおろす

着地した瞬間に、お腹を真上に持ちあげるイメージで伸ばします。1歩踏みだすたびに、お腹を伸ばして歩くような感覚です。

Let's TRY

STEP 6

STEP1～5をゆっくり繰り返す

「お腹 ➡ ひざ裏」「お腹 ➡ ひざ裏」の順で、1歩進むごとにカラダを伸ばせば、自然と「伸び」ウォーキングができるようになります。

上達のコツ

「伸び」ウォーキングのポイント

一番重要なポイントは、前に踏みだした脚の力で上半身を引っ張るのではなく、上半身の体重移動と、後ろ脚のひざを伸ばす力で、カラダを押しだす点。**後ろ脚にエンジンをつけるのです。**美脚の秘密は、太ももの裏にあるのです。

お腹をしっかり伸ばして歩くには？ **お腹から紐《ひも》がでていて、それに引っ張られるつもりで、お腹から前に進みます。**こうすると脚力に頼らなくても、カラダの重みによって自然と前へ、前へ……。

面白いようにラクに進めます。

これで完璧！
「伸び」ランニング

「伸び」ランニングは、速く走るためではなく、脚を細くし、美しく健康になるための走り方です。そして、走ることがそのままストレッチになるので、1歩、踏みだすたびに素晴らしいストレッチ効果が得られます。準備運動や走ったあとのストレッチは必要ありません。

ここまで読んでいただいて、美姿勢と「伸び」ウォーキングが習得できていれば、すでに走る準備はOK。

実は、「伸び」ウォーキングと「伸び」ランニングの違いは、**スピードが速くなること**と、**腕を曲げるということ**だけです。**基本フォームは同じなので、「伸び」ウォーキングのままピッチをあげれば、「伸び」ランニングができるようになります。**

姿勢・歩き方・走り方は、ひとつながり。立つ・座る・歩くの基本動作が正しくできていれば、誰でも「走る」にコマを進めることができるのです。

「ちょっとカラダをほぐしにいこう」

そんな感覚で、気軽に楽しく走りだしましょう。

これもDVDで実際の動きを見ながらいっしょにやると、わかりやすいでしょう。

悪い例
後ろ脚のひざ裏が伸びていない
頭の位置が上下
上半身が前傾している
アゴがあがっている
ももが高くあがっている
腰が後ろに引けている

前脚でカラダを引っ張る〝従来の走り方〟だと、着地したときにひざが曲がって沈み、**上下にピョンピョン**飛び跳ねているように見えます。頭の位置も大きく上下します。着地のたびにカラダが縮むので、疲れやすく、無駄に筋肉が太くなります。

また、あごがあがっていると呼吸が深くできないため、苦しくなります。

背を丸めて、腕を大きく振りすぎるのもよくありません。

！お腹、ひざ裏が伸びている
いい例
腕は、地面と平行
大きく振らない
あごを
引いている
「かかと→つま先」へなめらかに着地

正しく「伸び」ランニングができている場合は、全身の上下運動がほとんどありません。スーッとなめらかに移動できるのです。

過去にランニングで脚を痛めたり、苦しくて挫折したりした経験のある方は、ラクに走れる「伸び」ランニングのフォームに改善しましょう。

Let's TRY

Lesson 4

やってみよう 「伸び」ランニング

STEP 1

美姿勢をつくる
(52ページ参照)

STEP 2

手を軽く握って肋骨《ろっこつ》の脇にくるよう
ひじを曲げる

これが手の基本位置です。
実際に走りだしたら、手はカラダから離します。
ひじ、肩は後ろにしっかり引き、ひじから先の前腕は、地面に対して平行に保ちます。
手が前にいきすぎると背中が丸まってしまいます。

STEP 3

1歩踏みだすと同時に、上半身を前にだして重心を前脚に移す

着地するときは、かかとからつま先へとなめらかに。お腹をしっかり上へ伸ばします。常に肩甲骨を寄せて背中を引き締めていると、お腹がさらに伸ばしやすくなります。後ろ脚のひざ裏も、しっかり伸ばします。後ろ脚のひざ裏を伸ばす力で、カラダを前に押しだします。

STEP 5

STEP1 ～ 4 を交互に繰り返す

STEP 4

反対の足を前にだすと同時に、上半身を前にだして重心を前脚に移す

かかとからなめらかに着地。お腹、ひざ裏をしっかり伸ばします。

Let's TRY

Check Point

「伸び」ランニングのポイント

★腕を振ろうとしないで、ひじを曲げた姿勢をキープするつもりで、力を抜いて走りましょう。腕を振りすぎるとカラダが縮んでしまいます。走っているときに、手が視界に入らないくらいが適切です。

★呼吸は2ブレスがいいでしょう。初心者の呼吸は、「口から吐いて、鼻から吸う」が基本です。呼吸のリズムは、「ハッハッ・スッスッ」と、2回ずつ吐く・吸う、を繰り返します。疲れてきたら、「ハッハッハッ・スッスッスッ」という3ブレスや、「ハッハッハッハッ・スッスッスッスッ」という4ブレスに変えます。

★首の後ろも伸ばすと、ラクに呼吸できるようになります。

★基本フォームをしっかりカラダに覚えこませるよう、最初は、歩くくらいのスピードで。いきなりスピードをあげて走ると、肝心の姿勢がくずれてしまいがち。「歩く➡少し早く歩く➡もっと早く歩く」という手順で、だんだん「走る」へシフトするようにしましょう。何キロだって走れるようになります。

Lesson 5

DVD

伸筋ストレッチ

歩きながら「**伸筋を伸ばす感覚をカラダに覚えこませる体操**」と、「**丹田に力をこめる感覚をカラダに覚えこませる体操**」をつくりました。

ぜひＤＶＤを見ながらやってみてください。

この体操をすると、実際に歩いたり走ったりするときに伸筋を使う感じがつかみやすくなります。やってみると気持ちいいし、なんだか楽しくなってきます。これが、伸筋を伸ばすことが心に与える、一番のメリットです。この動きは、今後の歩き方、走り方の**カギ**となります。ＤＶＤを見ながらいっしょに繰り返せば、カラダが自然に覚えてできるようになります。

Lesson 6

DVD

見るだけ！ イメージトレーニング

正しいフォームで美しく走るための第一歩は、正しい走り方を**「見て覚える」**こと。付属のＤＶＤでは私が、正しい走りをデモンストレーションしています。これを繰り返し見て、十分にイメージトレーニングを行ないましょう。

オリンピック選手が難易度の高い大ワザをマスターするときは、まずイメージトレーニングします。**頭の中でできれば、実際にカラダも動くようになるのです。**視覚から頭に焼きつけることは、「伸び」ランニングをマスターする最短の方法です。イメージトレーニングの効果は、実践に移したときによくわかります。

脳がイメージとして学習することで、自然と正しくカラダを動かせるようになるのです。

1日たった5分から！

美ランナーになれる「6DAYS」プログラム

「私でも走れそう。でも本当に続くかな？」

「何か始めるきっかけが欲しい……」

そんなあなたのために、**短期間で走る楽しさと効果がわかる、とっておきのスタートプログラム**をご紹介。

期間はたったの6日間。

徐々にステップアップしていくので、ランニング1年生に最適。小さな成功体験は、次への動機づけになります。**正しく実践すると、たった6日間で「えっ！」と驚くほど見た目が変わります。**まずウエストが引き締まってくびれが目立ちはじめ、続いて背中と太ももがすっきり。首の位置も矯正されます。さらに、ゆるんでいた筋肉がキュッと目覚め、バストとヒップがアップ。後半はひざ下のふくらはぎが締まってきます。

このプログラムは、毎日新メニューが加わるので、変化があって楽しく続けられます。

じっくり進めたい人は、各ステップを3日ずつ。

普段からよく運動する人は、各1日ずつでOK。さあ、やってみましょう。

STEP 1 Style

美姿勢（立つ・座る）をマスター

まず美姿勢を覚えることからスタート。

朝食時、通勤時、デスクワーク中、夕食時、テレビを見るとき。日常生活の場で、「美姿勢で座る」ことに集中しましょう。
また、信号待ちのとき、料理をしているとき、「美姿勢で立つ」ことに集中。
さらに、寝る前に「5分座る」＋「5分立つ」とトレーニングタイムを設ければ、より効果的。

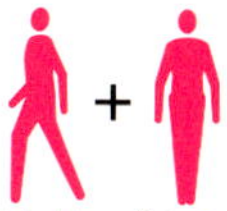

STEP 2 Walk ＋ Style

「伸び」ウォーク＋美姿勢

次は、美姿勢に、「伸び」ウォーキングを加えます。

自宅から駅まで、駅から会社までの道を、「伸び」ウォーキングすれば、効果的なエクササイズに。

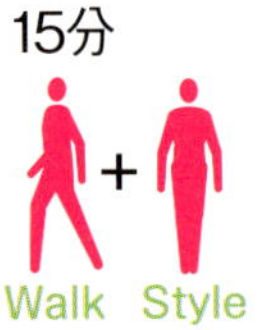
15分
Walk
Style

STEP 3 朝ウォーク15分＋美姿勢

今度は時間を決めて朝に「伸び」ウォーキング。

まずは15分、朝の爽快な空気を感じながら、気持ちよくカラダを伸ばして歩きましょう。もしも雨が降っていたら……小雨程度なら、フードつきレインコートか傘を持参して朝ウォーキング。

5分
10分
Run
Walk
Style

STEP 4 ウォーク5分・ラン5分・ウォーク5分＋美姿勢

ついにランニングデビュー。まず、朝5分だけ走ってみましょう。

5分間の「伸び」ウォーキングの間にラン5分を組み入れれば無理がなく、ビギナーでもラクラク。3日もすると、もっと長く走りたくなってきます。

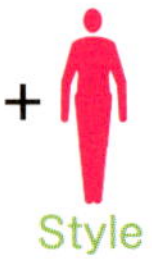
Style

STEP 5 ウォーク5分・ラン10分・ウォーク5分＋美姿勢

次は、走る時間を10分に増やしましょう。

10分 10分
Run Walk

前後に5分歩けば、トータルで20分の運動時間に。朝の「伸び」ランで脂肪の燃焼効果も高まってきます。

10分 20分
Run Walk Style

STEP 6

ウォーク10分・ラン10分・ウォーク10分＋美姿勢

いよいよ最終日。総仕上げとして、走る前後の歩きを10分に増やし、トータル30分コースに挑戦。

GOAL!

これでプログラムは終了！
〝卒業後〟は、自分のペースで自由に走ってみましょう。

心拍計
胸にセンサーを取りつけて使用。
心拍数は腕の装置に表示される。

◆超重要！　この「心拍数」で効果3倍！

スタートプログラム卒業後は、ぜひ**心拍計**をつけて走ってみてください。

心拍数は、運動量を知るうえで一番の目安となります。

ランニングの効果が確実にあらわれる心拍数の目安は、120～130。

ウォーキングだと90～100程度までしかあがらないため、今ひとつ毛細血管が拡張しにくい傾向があります（ただし、姿勢を意識すれば姿勢筋《インナーマッスル》は成長します）。

逆に130以上になると、アウターマッスルへの刺激が強くなり、汗はかきますが体力の消耗が激しくなり、毛細血管に十分な血液がまわらなくなって、手先がかえって冷えることがあります。

ですので、本格的なカラダ磨きには、やはり**心拍数120～130**でのランニングが理想。

これが一番、カラダを若がえらせる数値です。

ただし、スピードに気をとられて姿勢がくずれてしまっては台無しです。

ビギナーはとにかく「姿勢よく走る」ことに集中し、参考までに心拍数のチェックを。

教えます！

ランがますますうまくいく！ プロのコツ Q&A

Q 朝・夜、いつ走ればいい？

A **走る時間帯は、断然「朝」がおすすめ。**

「朝ラン」をすると、一日中脂肪燃焼が続き、即効果がでます。「伸び」ランは、走ることがストレッチになるので、起きてすぐ走りだせる。準備運動の必要がないから、時間的にも無理がありません。

Q 忙しくて走る暇がない人は？

A **走ったほうが、時間ができます！**

走れば体力も脳力もあがるので、仕事の能率があがり、結果的に時間が増えます！

Q 朝は忙しいし、着替えがめんどう！

A **ウエアのまま寝てしまえばラク**

私はランニングウエアをパジャマ替わりにして寝ますが、これが快適！　朝起きて洗顔などをすませれば、そのまますぐに走りだせます。

◎ウエアでベッドへ → 起床 → 洗顔・トイレ・心拍計の用意 → 水を1杯飲む → いざ、「伸び」ラン！

Q 夜しか走る時間がないんです。

A **残念ですが、効果は半減。**

脂肪燃焼効果を存分に得るには、朝走るのが一番。同じ距離を走っても、〝夜ラン〟だと効果が半減。しかも頭が冴《さ》えて眠りが浅くなってしまいます。

Q 週に何回、走ればいい？

A 週3回で、効果が早くあらわれます。

毎日走るのが理想ですが、初めは無理せず週3回を目標にしましょう。

Q どこを走ればいい？

A 「気持ちいい」かどうかを基準にコース選びを。

兼子は、自然が多い目黒川沿いをよく走ります。緑が多い公園や風景が美しいルートなど、お気に入りのマイコースを近所に見つけましょう。信号の少なさはポイント。

Q 梅雨《つゆ》どきや雨の日は走らなくていい？

A 歩くだけでも、体調がよくなります。

私は、どしゃぶりで走れない日も最低20分は歩きます。これだけでカラダが軽くなり、気持ちもぐんと前向きに。フードつきレインコートなど、お気に入りのレイングッズがあると雨もポジティブに受けとめられます。

Q どれくらい練習したら、フルマラソンを走れる？

A 毎朝10キロ走れるようになったら考えましょう。

レースで速く走る以前に、カラダが進化する過程を楽しむのが兼子流。毎朝10キロ走れるようになれば、「次はレースを」という展開になっていくでしょう。

Q ジムで走るのと屋外を走るのは、やっぱり効果が違う？

A 自然の空気を感じて、気持ちよく走るのが一番。

自然の空気、気温を肌で感じれば、体温調節機能など、様々な能力が目覚めます。

Q どのくらいのスピードで走ればいい?

A マイペースでゆっくり走る。

特にビギナーは、早歩きよりちょっと早いくらいの、ゆっくりペースで十分。「歩く」と「走る」の差は思った以上に大きく、急に速く走ろうとすると必ず姿勢がくずれます。速さよりも、姿勢をくずさずに走ることを心がけましょう。

Q ランナーズハイって、本当にあるの?

A 「プチランナーズハイ」でまた走りたくなる!

よく知られる「ランナーズハイ」は上級者が、相当な苦しさや痛みを乗り越えた先に体験できるもの。疲労物質がもたらす特殊な快感です。ただし、ビギナーでも朝日を浴びながら15分ほど「伸び」ランをすると、全身の血液がさーっと勢いよく流れだし、簡単にランナーズハイの疑似体験ができます。走り終えたあとのポカポカとしたカラダの温かみを体感すれば、必ずまた走りたくなります。

Q 走るのをやめたらリバウンドしますか?

A もちろん、太ります。

元の走らない生活に戻れば、体型も元通りに。ランニングの効果を持続させる最善の方法は、洗顔や歯磨きのように、毎日のケアとして続けること。

Q どんな音楽がランニングに合う?

A ハウスミュージック。

走るときの理想の心拍数は120～130。ハウスミュージックのテンポは、この鼓動のリズムとぴったり合うので、聴きながら走ると快走できます。

02

＊水、スポーツドリンク

短距離なら、走る前に常温の水か白湯をコップ1杯飲んでおけば十分。40分以上走るときは途中で給水すること。ニューヨークでは、カラフルなビタミンウォーターが大人気。

01

＊ソックス

おすすめは断然5本指タイプ。指が自由になるので着地が安定する。走り心地もGOOD。アディダスとTabioのラン専用ソックスは長持ちしてフィット感が最高。

グッズ!

初めてのラン前に揃えたい必携グッズは、シューズ、ウエア、ソックス、心拍計。機能性とともに、「かわいい!」「この感じ好き」という第一印象も大切に。成功のキーワードは、「持っているだけで、気分があがる」です!

03

＊シューズ

運動不足の人は、筋肉がかたく縮んでいるから1cm大きめを選ぼう。ランを始めるとほぐれて広がってちょうどよくなる。ソールは厚めでクッション性の高いものがGOOD。

＊ウエア

着たいから走る!　素敵なウエアはパワーをくれる。腰回りが隠れるラン・ドレスなど機能やデザインを楽しもう。

見た目も機能も 大満足! 走りが変わる! ハッピーラン

＊グローブ

冬の必須アイテム。手と首を温めると代謝があがり、やせやすくなる。

＊心拍計

体調で大きく変わるので毎回つけたほうが効果が高い。兼子はフィンランドのブランド「スントt 1」を愛用。デザインがよく電池交換もできて断トツお得。他メーカーの同じ価格帯のものは電池交換ができなくて心拍ベルトが使い捨てで不経済。

07

＊日焼け止め防止グッズ（キャップ、サングラス、日焼け止め）

健康増進のためには日に当たったほうがいいが、紫外線の影響を考えれば、日焼け止めを塗ろう。キャップやサングラスは、ウエアとコーディネイトしよう。

08

＊ランニングバッグ

基本は、何も持たないほうが走りやすい。が、遠出のときにはこれが役立つ。

09

＊アクセントリフレクター

光の反射で存在をアピール。腕につけて夜ランの交通安全対策に。

10

＊音楽プレーヤー、アームバンド

兼子はiPodにネックストラップタイプをつけて使用。ゆれが気になるならアームバンドで固定しよう。

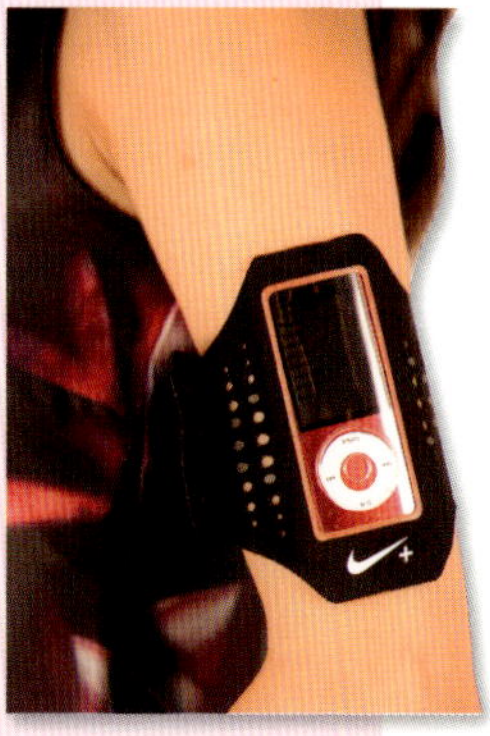

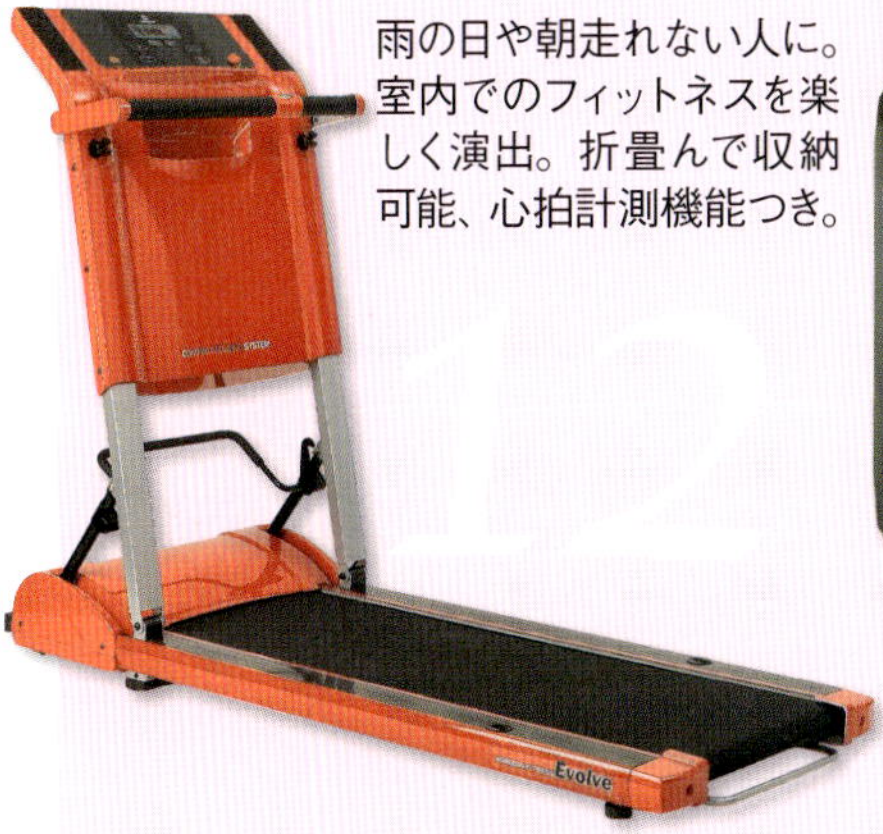

＊トレッドミル

雨の日や朝走れない人に。室内でのフィットネスを楽しく演出。折畳んで収納可能、心拍計測機能つき。

＊ビタミン剤

化学的なものはとらないこと。兼子は天然の『ビワミン』ぐらい。

＊ランニング施設

仕事帰りに手ぶらでいける!　シャワー・タオル・ロッカーの貸しだしあり。様々なランニングイベントの情報が取れる。カフェで他のランナーとの情報交換も楽しいぞ!

＊ランニング距離が測れるサイト

mapion キョリ測　どんなに入り組んだルートの距離も図れる。消費カロリー計算機能付き。

01　Tabio(アートスポーツ渋谷店)／03　ニュートン(アートスポーツ渋谷店)　04左　アシックス／06　アディダス(マルイ・フィールド)／08　リーボック(マルイ・フィールド)／09　ミズノ／11　エス・エフ・シー　12　HORIZON FITNESS EVOLVE RED　問い合わせ ジョンソンヘルステックジャパン　(03) 3493-8815　www.horizonfitness.co.jp／13　半蔵門ランナーズサテライト「JOGLIS」

エピローグ

たった1歩から、人生は大きくひらけます

本書を手に取っていただき、本当にありがとうございます。

ご紹介してきた「**伸び**」**ランニングは、カラダ、心、人生、すべてがよくなる究極のフィットネス。**その効果は、私自身が毎日走りながら実感しています。

早朝6時に起床し、自宅のある目黒から五反田間を約1時間で走るのが私、兼子の日課です。距離にして、往復10キロ。ですが、まったく疲れません。朝日をいっぱいに浴び、ｉｐｏｄの音楽と共にのりにのって走る時間は最高！　朝からモチベーションがぐんとあがり、とてもいい状態で仕事がスタートできるのです。

実は、**ランニングを始めてから、持久力も免疫力もアップ。**なんと15年間体重の変動もなく、風邪もここしばらくひいていません。驚きの進化です！

走るほどにカラダ体が進化するこの走法は、私のある苦い体験から生まれました。

30歳をすぎた頃、キックボクシングの試合中にひざの靭帯を断絶し、「手術しないと選手復帰は絶対に無理」と医者に断言されたのです。大ピンチ！

悩み抜いてだした答は、手術はせずに「**走るリハビリ**」で復帰を目指すことでした。

そして編みだしたのが、**脚に負担をかけない「伸び」ランニング**。２年後には選手に復帰し、今ではフルマラソンも走っています。

思い返すと胸がじんとする、ケガの功名。「走り方」が、私を人生のどん底から救いあげ、奇跡を起こしてくれたのです。

今、私は、多くの方に〝伸ばす〟ことの素晴らしさをお伝えしたくて各地を奔走しています。小学校では「美姿勢」の指導をしており、どんな子供も、練習するうちに「丹田！」の合図でいい姿勢をキープできるようになります。背筋のピンと伸びた子供たちが増え、美しい動作が身についていけば、10年後、20年後の日本人は、今よりはるかに健康になり、活気にあふれていることでしょう。

かつての日本人は、丹田への意識がとても高い姿勢のいい国民でした。あなたもぜひ「美姿勢のツボ」に意識を向けて生活し、そして、走ってみてください。

「伸び」ランニングは、誰でもラクラク走れるストレッチランニング。

そして、人生そのものを快適にサポートする、ハッピーランニングです。

さあ、姿勢を正して、１歩踏みだしましょう！

このDVDをご覧になる前に

DVDは、映像と音声を高密度に記録したディスクです。詳しい再生上の取扱方については、ご使用になるプレーヤーなどの取扱説明書をご覧ください。DVDプレーヤーからビデオデッキ等を経由してテレビに接続すると、コピーガード信号の影響で画像が乱れることがありますので、DVDプレーヤーの映像出力から直接テレビに接続してください。

鑑賞上の注意

暗い部屋で画面を長時間見つづけることは、健康上の理由から避けてください。また、小さなお子様の視聴は保護者の方の目の届くところでお願いします。

取扱上の注意

●ディスクは、両面共に、指紋、汚れ、キズなどをつけないように取扱ってください。

●ディスクが汚れたときは、メガネふきのようなやわらかい布で内周から外周に向かって放射状に軽くふきとってください。レコード・クリーナーや溶剤などは使用しないでください。

●ディスクは両面共に、鉛筆、ボールペン、油性ペンなどで文字や絵を書いたり、シールなどを添付しないでください。

●ひび割れや変形、または接着剤などで補修したディスクは、危険ですから絶対に使用しないでください。

保管上の注意

●直射日光の当たるところ、高温・多湿な場所での使用・保管は避けてください。

●ご使用後、ディスクは必ずプレーヤーから取り出し、DVD専用ケースに入れて保管してください。

●プラスチックケースの上に重いものをおいたり、落としたりすると、ケースが破損し、ケガをすることがあります。

おことわり

このディスクはご家庭での鑑賞にのみご使用ください。このディスクに収録されているものの一部でも権利者に無断で複製（異なるテレビジョン方式を含む）、放送（無線、有線）、公開上映、改変、転売、レンタルなどに使用することは法律で禁じられています。違反した場合は、民事上の制裁および刑事罰の対象となることもあります。本DVDについてお電話によるお問い合わせには一切お答えできません。

2 NTSC 日本市場向	4:3	DVD VIDEO	カラー	MPEG2	片面１層
			25分	無許諾レンタル禁止・複製不能	

DOLBY DIGITAL

DVDの使い方

本書の各ページに マークがついている体操は、
DVDに収録されています。

メニュー画面

DVD再生プレーヤーにディスクをセットし、再生すると、下記のようなメニュー画面が表示されます。ご覧になりたい項目を選択すると、項目の縁がオレンジ色に変わります。ここで決定ボタンを押すと、それぞれの項目が再生されます。

兼子ただしの
RUNNING DVD
プロローグ
Chapter 1 美姿勢 -立つ-
Chapter 2 美姿勢 -座る-
Chapter 3 「伸び」ウォーキング
Chapter 4 「伸び」ランニング
Chapter 5 伸筋ストレッチ
Chapter 6 見るだけ! イメージトレーニング
Play All

メインメニューの「Play All」を選択すれば、プロローグから、見るだけ!イメージトレーニングまで、すべてを通しで順番に見ることができます。最初は、このボタンを選択して、通してご覧になることをおすすめいたします。

カーソルボタンで、いずれか選択した項目のサブメニュー画面が表示されます。

STAFF

企画協力	文化人プロダクション
編集協力	櫻井裕子
モデル	KELLY　森絵里香
スチール撮影	Ryoko　服部菜つみ
スタイリスト	SHIZUCA
ヘアメイク	CHICA
本文デザイン・DTP	肱元礼　岩本千絵　伊藤えりか　石田崇 （株式会社ライラック）
DVD製作協力	Move Emotions株式会社
衣装協力	アディダス ジャパン お客様相談窓口 0120-810-654 アシックス お客様相談室 03-3624-1814 ミズノお客様相談センター 0120-320-799 マルイプレスルーム 03-3476-8000 アートスポーツ渋谷店 03-3770-7887 VIVIER渋谷パルコ店 03-3496-0418
機材協力	ジョンソンヘルステックジャパン 03-3493-8815

みるみる脚《あし》から美《うつく》しくやせる「走《はし》り方《かた》」
DVD《ディーブイディー》付《つ》きBOOK《ブック》

著者　兼子ただし（かねこ・ただし）
発行者　押鐘太陽
発行所　株式会社三笠書房
〒102-0072 東京都千代田区飯田橋 3-3-1
電話　03-5226-5734（営業部）　03-5226-5731（編集部）
http://www.mikasashobo.co.jp

印刷　誠宏印刷　　製本　若林製本工場

編集責任者　本田裕子

ISBN978-4-8379-2364-0 C0077

T40035